Poemas de Amor

Poemas de amor
Alfonsina Storni

Tradução de Pedro Gediel
2ª edição

Porto Alegre
2024

© Editora Coragem, 2024.

A reprodução e propagação sem fins comerciais do conteúdo desta publicação, parcial ou total, não somente é permitida como também é encorajada por nossos editores, desde que citadas as fontes.

www.editoracoragem.com.br
contato@editoracoragem.com.br
(51) 98014.2709

Produção editorial: Thomás Daniel Vieira.
Tradução: Pedro S. Gediel.
Revisão da tradução: Ezequiela Scapini.
Artes e capa: Mariana Gil.
Coordenação: Camila Costa Silva.

Porto Alegre, Rio Grande do Sul.
Outono de 2024.

Dados Internacionais de Catalogação na Publicação (CIP)

S885p	Storni, Alfonsina, 1892-1938
	Poemas de amor / Alfonsina Storni; prefácio da edição brasileira por Nildicéia Rocha; tradução de Pedro Gediel. – 2.ed. – Porto Alegre: Coragem, 2024.
	96 p. : il. – (Coleção Alfonsina Storni, v. 2)
	Título original: Poemas de amor
	Texto em portugués e espanhol
	ISBN: 978-65-85243-20-9
	1.Poesia – Literatura argentina. 2. Literatura argentina. 3. Prosa. 4. Literatura hispano-americana. 5. Poemas – Literatura argentina. 6. Poesia argentina. I. Rocha, Nildicéia. II. Gediel, Pedro. III. Título. IV. Série.
	CDU: 860(82)-1

Bibliotecária responsável: Jacira Gil Bernardes – CRB 10/463

*"Que el amor es simple
Y a las cosas simples las devora el tiempo"*

Armando Tejada Gomez e César Isella,
Canción de las simples cosas.

Sumário

Prefácio da edição brasileira 11
Prefácio da autora 17
O sonho 21
Plenitude 53
Agonia 81
Noite 99

PREFÁCIO DA EDIÇÃO BRASILEIRA

por Nildicéia Rocha

Ancho es el mundo y en él todos caben; y el que, pueblo o individuo, traiga el mensaje más alto, lo supremo se lo acreciente.

(STORNI, 1999, p. 1085)

A poesia escrita em prosa de Alfonsina Storni, o livro *Poemas de amor*[1], publicado em 1926, como a própria autora relata no prólogo, "son frases de estado de amor escritos en pocos días ya hace algún tiempo"; o livro não é considerado obra literária pela autora,

---

1. O livro Poemas de amor foi publicado e reeditado em 1926, com tradução em francês. Em 1945, com desenhos de Stella Genovese-Oeyen, imprime-se novamente. Somente em 1988 se publica uma edição bilíngue, castelhano-italiano, no cantão suíço de Ticino, incluindo prólogo de Beatriz Sarlo, mas sem que esta tenha nomeado ao texto que introduz. Apenas em 1999, em castelhano, foi reeditado por Hiperión, em Madrid e no mesmo ano em Buenos Aires é incluído nas *Obras Completas*, pela Editora Losada. (SALOMONE, 2006, p. 164).

senão "una lágrima de las tantas lágrimas de los ojos humanos". Trata-se de textos repletos de exacerbado sentimento amoroso, saídos possivelmente da voluptuosidade da paixão e discursivamente narrados, em sua maioria, no presente do indicativo.

Observa-se, no conjunto dos poemas em prosa de *Poemas de amor*, uma unidade na sequência narrativa com fortes momentos amorosos, desde sua descoberta até seu término, compostos de características formais de narrativa e efeitos poéticos. Segundo essa unidade, pode-se verificar, desde o primeiro texto, o momento do encontro e o despertar do apaixonado: *mirad mi pecho: mi corazón está rojo, jugoso, maravillado*. Sua realização, enquanto amor total, depois os desencontros e, por último, o término com a descrença no amor.

Com relação à poeticidade/narratividade no livro, a sujeito mulher anuncia o *encierro de la voz femenina* e a fissura do enclausuramento por meio do ritmo e musicalidade poéticos; da linguagem fragmentária e coloquial, as histórias narradas são como relatos; do erotismo que ganha plano de expressão e concretização nos corpos que deslizam e se sentem intrínseca e extrinsecamente; e do posicionamento sobre o corpo-social que não reduz a condição da mulher a uma estreita condição de subjetividade, de submissão ao ser amado e à sociedade.

Quanto à subjetividade feminina, na unidade narrativa dos poemas em prosa, a voz feminina mostra-se inicialmente submissa, mas uma submissão não ao amado, e sim ao sentimento "amor"; segue um processo de "despertar" desta sujeição, por meio de estratégias discursivas de uma voz feminina conhecedora da rede de relações de poder, da qual participa, e, finalmente, o "eu feminino" mostra-se "dona" de suas atitudes e ações, mesmo que *sola*, registrando a incompletude constitutiva do sujeito moderno.

Os poemas em prosa de Alfonsina apresentam tematicamente um amor nos moldes do "amor clássico", e isso se faz discursivamente em uma relação dialógica de permanente convite à conversação com o outro, seja o amado, outras mulheres, o público ou mesmo o "eu", no qual o sujeito feminino é "marcado em primeira pessoa"; assim como na presença de poeticidade marcante desses poemas em prosa que oscilam entre a poesia e a narrativa; e, na constituição de outra noção de gênero, a noção de que proferir um discurso feminino é de fato uma representação na rede de relações de poder que se materializam no construto discursivo-poético de dado momento e em nenhum outro acontecimento histórico.

Dessa forma, convidamos você, caro leitor(a), a permitir-se ser enlaçado(a) poeticamente pelas palavras de Alfonsina Storni em um discurso amoroso repleto de prazerosa expressão literária e sublime musicalidade.

PREFÁCIO DA AUTORA

Esses poemas são simples frases de estados de amor escritos em poucos dias já faz algum tempo.

Não é, pois, este pequeno volume uma obra literária, nem pretende ser.

Apenas atreve-se a ser uma das tantas lágrimas caídas dos olhos humanos.

Buenos Aires, 1926.

# O SONHO

I

Acababa noviembre cuando te encontré. El cielo estaba azul y los árboles muy verdes. Yo había dormitado largamente, cansada de esperarte, creyendo que no llegarías jamás. Decía a todos: mirad mi pecho, ¿veis?, mi corazón está lívido, muerto, rígido. Y hoy, digo: mirad mi pecho: mi corazón está rojo, jugoso, maravillado.

Acabava novembro quando te encontrei. O céu estava azul e as árvores muito verdes. Eu havia dormitado largamente, cansada de te esperar, crendo que jamais chegaria. Dizia a todos: olhe o meu peito, vês, meu coração está lívido, morto, rígido. E hoje, digo: olhe o meu peito: meu coração está vermelho, suculento, maravilhado.

II

¿Quién es el que amo? No lo sabréis jamás. Me miraréis a los ojos para descubrirlo y no veréis más que el fulgor del éxtasis. Yo lo encerraré para que nunca imaginéis quién es dentro de mi corazón, y lo meceré allí, silenciosamente, hora a hora, día a día, año a año. Os daré mis cantos, pero no os daré su nombre. Él vive en mí como un muerto en su sepulcro, todo mío, lejos de la curiosidad, de la indiferencia y la maldad.

Quem é aquele que amo? Não saberás jamais. Me olharás nos olhos para descobrir e não verás mais que o fulgor do êxtase. Eu o prenderei para que nunca imagines quem é dentro do meu coração, e o embalarei ali, silenciosamente, hora a hora, dia a dia, ano a ano. Darei-lhes meus cantos, mas não lhes darei seu nome. Ele vive em mim como um morto em seu sepulcro, todo meu, distante da curiosidade, da indiferença e da maldade.

III

Esta madrugada, mientras reposaba, has pasado por mi casa. Con el paso lento y el aliento corto, para no despertarme, te deslizaste a la vera de mi balcón. Yo dormía, pero te vi en sueños pasar silencioso: estabas muy pálido y tus ojos me miraban tristemente, como la última vez que te vi. Cuando desperté nubes blancas corrían detrás de ti para alcanzarte.

Esta madrugada, enquanto repousava, passaste pela minha casa. Com o passo lento e a respiração curta, para não me acordares, te deslizaste pela beira da minha varanda. Eu dormia, mas te vi em sonhos passar silencioso: estavas muito pálido e teus olhos me fitavam tristemente, como a última vez que te vi. Quando despertei, nuvens brancas corriam atrás de ti para alcançar-te.

IV

Enemigos míos, si existís, he aquí mi corazón entregado. Venid a herirme. Me encontraréis humilde y agradecida: besaré vuestros dedos; acariciaré los ojos que me miraron con odio; diré las palabras más dulces que jamás hayáis oído.

Inimigos meus, se existem, entrego aqui meu coração. Venham me ferir. Me encontrarão humilde e agradecida: beijarei seus dedos; acariciarei os olhos que me fitaram com ódio; direi palavras mais doces do que jamais ouviram.

V

En este crepúsculo de primavera yo volaría, sí, yo volaría. Si no fuera que el corazón henchido, cargado, dolorido, enorme, llena mi pecho, dificulta mis movimientos, entorpece mi cuerpo y me mantiene adherida a la tierra donde tú vives, ¡oh mío!

Neste crepúsculo de primavera eu voaria, sim, eu voaria. Se não fosse o fato de que meu coração cheio, carregado, dolorido, enorme, preenche meu peito, dificulta meus movimentos, entorpece meu corpo e me mantém presa à terra onde tu vives, oh meu!

VI

Por sobre todas las cosas amo tu alma. A través del velo de tu carne la veo brillar en la obscuridad: me envuelve, me transforma, me satura, me hechiza. Entonces hablo para sentir que existo, porque si no hablara mi lengua se paralizaría, mi corazón dejaría de latir, toda yo me secaría deslumbrada.

Acima de todas as coisas amo tua alma. Através do véu da tua carne, vejo-a brilhar na escuridão: me envolve, me transforma, me satura, me enfeitiça. Então falo para sentir que existo, porque se não falasse, minha língua se paralisaria, meu coração deixaria de pulsar, eu me secaria por inteiro, deslumbrada.

VII

Cada vez que te dejo retengo en mis ojos el resplandor de tu última mirada. Y, entonces, corro a encerrarme, apago las luces, evito todo ruido para que nada me robe un átomo de la substancia etérea de tu mirada, su infinita dulzura, su límpida timidez, su fino arrobamiento. Toda la noche, con la yema rosada de los dedos, acaricio los ojos que te miraron.

Cada vez que te deixo, retenho em meus olhos o esplendor do teu último olhar. E, então, corro para isolar-me, apago as luzes, evito todo o ruído para que nada me roube um átomo da substância etérea do teu olhar, sua infinita doçura, sua timidez límpida, seu fino êxtase. Toda a noite, com a ponta rosada dos dedos, acaricio os olhos que te fitaram.

VIII

¡Palidez de tu cara desangrada! ¡Zumo de nomeolvides atravesando entre napa y napa de la piel! Cuando aposenté la rosa muerta de mi boca fui, sobre aquella pureza, más ligera que la sombra de la sombra…

A palidez da tua cara dessangrada! Sumo de não-me-esqueça atravessando entre manto e manto da pele! Quando aposentei a rosa morta da minha boca, fui, sobre aquela pureza, mais ligeira que a sombra do sombra…

IX

Te amo profundamente y no quiero besarte. Me basta con verte cerca, perseguir las curvas que al moverse trazan tus manos, adormecerme en las transparencias de tus ojos, escuchar tu voz, verte caminar, recoger tus frases.

Te amo profundamente e não quero te beijar. Basta-me te ver perto, perseguir as curvas que trançam tuas mãos ao moverem-se, adormecer nas transparências dos teus olhos, escutar a tua voz, te ver caminhar, recolher tuas frases.

X

Cuando recibí tus primeras palabras de amor, había en mi cuarto mucha claridad. Me precipité sobre las puertas y las cerré. Yo era sagrada, sagrada. Nada, nadie, ni la luz, debía tocarme.

Quando recebi as tuas primeiras palavras de amor, havia em meu quarto muita claridade. Precipitei-me sobre as portas e as fechei. Eu era sagrada, sagrada. Nada, ninguém, nem a luz, devia me tocar.

XI

Estoy en ti. Me llevas y me gastas. En cuanto miras, en cuanto tocas, vas dejando algo de mí. Porque yo me siento morir como una vena que se desangra.

Estou em ti. Me levas e me gastas. Quando me olhas, quando me tocas, vais deixando algo de mim. Porque eu me sinto morrer como uma veia que dessangra.

XII

He pasado la tarde soñándote. Levanto los ojos y miro las paredes que me rodean, como adormilada. Los fijo en cualquier punto y vuelven a transcurrir las horas sin que me mueva. Por fuera anda gente, suenan voces... Pero todo eso me parece distante, apartado de mí, como si ocurriera fuera del mundo que habito.

Passei a tarde sonhando contigo. Levanto os olhos e vejo as paredes que me rodeiam, sonolenta. Fixo-os em qualquer ponto e voltam a transcorrer as horas sem que me mova. Do lado de fora, anda gente, soam vozes… Mas tudo isso me parece distante, apartado de mim, como se ocorresse fora do mundo que habito.

XIII

Tañido de campanas, grosero tañido de campanas: herís mi alma y asustáis en esta hora mis finos pensamientos de amor.

Badalada de sinos, grosseira badalada de sinos: feres minha alma e assustas nesta hora meus finos pensamentos de amor.

XIV

Estás circulando por mis venas. Yo te siento deslizar pausadamente. Apoyo los dedos en las arterias de las sienes, del cuello, de los puños, para palparte.

Estás circulando por minhas veias. Eu te sinto deslizar pausadamente. Apoio os dedos nas artérias das têmporas, do pescoço, dos punhos, para te tocar.

XV

Pongo las manos sobre mi corazón y siento que late desesperado. —¿Quién eres tú? Y me contesta: —Romper tu pecho, echar alas, agujerear las paredes, atravesar las casas, volar, loco, a través de la ciudad, encontrarle, ahuecar su pecho y juntarme al suyo.

Ponho as mãos sobre o meu coração e sinto que bate desesperado. — Quem és tu? E me responde: — Abrir teu peito, soltar asas, perfurar as paredes, atravessar as casas, voar, louco, através da cidade, encontrá-lo, esvaziar o peito e juntar--me ao seu.

XVI

*Te hablé también alguna
vez, en mis cartas, de
mi mano desprendida
de mi cuerpo y volando
en la noche a través de
la ciudad para hallarte.
Si estabas cenando en
tu casa, ¿no reparaste en
la gran mariposa que,
insistente, te circuía ante
la mirada tranquila de tus
familiares?*

Te falei também, alguma
vez, em minhas cartas, de
minha mão desprendida
do meu corpo e voando
na noite através da
cidade para te encontrar.
Se estavas jantando em
tua casa, não reparaste
na grande borboleta que,
insistente, te circundava
diante da vista tranquila
dos seus familiares?

XVII

¿Oyes tú la vehemencia de mis palabras? Esto es cuando estoy lejos de él, un poco libertada. Pero a su lado ni hablo, ni me muevo, ni pienso, ni acaricio. No hago más que morir.

Escutas a veemência das minhas palavras? Isso é quando estou longe dele, um pouco liberta. Mas ao seu lado nem falo, nem me movo, nem penso, nem acaricio. Não faço mais que morrer.

XVIII

Tú, el que pasas, tú dijiste:
ésa no sabe amar. Eras tú
el que no sabías despertar
mi amor.
Amo mejor que los que
mejor amaron.

Tu, que passas, tu disseste: essa não sabe amar. Era tu que não sabias despertar meu amor. Amo melhor que os que melhor amaram.

XIX

Amo y siento deseos de hacer algo extraordinario. No sé lo que es. Pero es un deseo incontenible de hacer algo extraordinario. ¿Para qué amo, me pregunto, si no es para hacer algo grande, nuevo, desconocido?

Amo e sinto desejos de fazer algo extraordinário. Não sei o que é. Mas é um desejo irresistível de fazer algo extraordinário. Para que amo, me pergunto, se não é para fazer algo grande, novo, desconhecido?

XX

Venid a verme. Mis ojos relampaguean y mi cara se ha transfigurado. Si me miráis muy fijo os tatuaré en los ojos su rostro que llevo en los míos. Lo llevaréis estampado allí hasta que mi amor se seque y el encanto se rompa.

Venha me ver. Meus olhos relampejam e minha cara se transfigurou. Se me olhares muito fixamente, tatuarei seu rosto nos meus olhos. Te levarei estampado ali até que meu amor se seque e o encanto se quebre.

XXI

Cuando miro el rostro de otros hombres sostengo su mirada porque, al cabo de un momento, sus ojos se esfuman y en el fondo de aquéllos, muy lentamente, comienzan a dibujarse y aparecer los tuyos, dulces, calmos, profundos.

Quando olho o rosto de outros homens sustento seu olhar porque, por um momento, seus olhos esfumaçam e no fundo daqueles, muito lentamente, começam a se desenhar e aparecer os teus, doces, calmos, profundos.

XXII

Me he encerrado en mi cuarto después de verlo. El techo, solamente el techo, me separa de las estrellas. ¡Oh, si pudiera con la sola fuerza de mis ojos, apoyar mis miradas contra aquél y hacerlo saltar de su sitio! Tendida sobre mi lecho, en el silencio de este mi cubículo, vería, como desde el cajón de un muerto, la estrella que hace un instante miramos juntos.

Me tranquei em meu quarto depois de te ver. O teto, somente o teto, me separa das estrelas, Oh, se pudesse, apenas com a força dos meus olhos, apoiar meus olhares contra ele e fazê-lo saltar de seu lugar! Estendida em meu leito, no silêncio deste meu cubículo, veria, como do caixão de um morto, a estrela que há um instante olhamos juntos.

XXIII

Miro el rostro de las demás mujeres con orgullo y el de los demás hombres con indiferencia. Me alejo de ellos acariciando mi sueño.
En mi sueño tus ojos danzan lánguidamente al compás de una embriagadora música de primavera.

Olho o rosto das demais mulheres com orgulho e o dos demais homens com indiferença. Distancio-me deles acariciando meu sonho. Em meu sonho, teus olhos dançam languidamente ao compasso de uma inebriante música de primavera.

XXIV

Escribo estas líneas como un médium, bajo el dictado de seres misteriosos que me revelaran los pensamientos. No tengo tiempo de razonarlos. Se atropellan y bajan a mi mano a grandes saltos. Tiemblo y tengo miedo.

Escrevo estas linhas como uma médium, através do ditado de seres misteriosos que me revelaram os pensamentos. Não tenho tempo de racionalizá-los. Atropelam-se e descem até a minha mão em grandes saltos. Tremo e tenho medo.

XXV

Es media noche. Yo estoy separada de ti por la ciudad: espesas masas negras, ringlas de casas, bosques de palabras perdidas pero aún vibrando, nubes invisibles de cuerpos microscópicos.
Pero proyecto mi alma fuera de mí y te alcanzo, te toco. Tú estás despierto y te estremeces al oírme. Y cuando está cerca de ti se estremece contigo.

É meia noite. Estou separada de ti pela cidade: espessas massas negras, fileira de casas, bosques de palavras perdidas ainda vibrando, nuvens invisíveis de corpos microscópicos. Mas projeto a minha alma fora de mim e te alcanço, te toco. Tu estás desperto e te estremece ao me ouvir. E quando está perto de ti, se estremece contigo.

XXVI

Si el silencio invade mi cuarto y nada se oye mi pensamiento se clava en ti. Entonces sufro como alucinaciones. Pienso que, de improviso, las puertas de mi cuarto se abrirán solas y sobre el umbral aparecerás tú. Pero no como eres, sino de una vibrátil substancia luminosa.

Se o silêncio invade meu quarto e nada se escuta, meu pensamento se fixa em ti. Então sofro com alucinações. Penso que, improvisadamente, as portas do meu quarto se abrirão sozinhas e sobre o umbral tu aparacerás. Não como tu és, mas sim como uma substância vibrátil e luminosa.

XXVII

Vivo como rodeada de un halo de luz. Este halo parece un fluido divino a través del cual todo adquiere nuevo color y sonido.

Vivo como se estivesse rodeada de uma auréola de luz. Esta auréola parece um fluído divino através do qual tudo adquire novo som e cor.

XXVIII

Parece por momentos que mi cuarto estuviera poblado de espíritus, pues en la oscuridad oigo suspiros misteriosos y alientos distintos que cambian de posición a cada instante. ¿Los has mandado tú? ¿Eres tú mismo que te multiplicas invisible a mi alrededor?

Parece, por momentos, que meu quarto estava habitado por espíritos, pois na escuridão escuto suspiros misteriosos e hálitos distintos que mudam de posição a cada instante. Mandaste-los tu? És tu mesmo que te multiplicas invisível ao meu redor?

PLENITUDE

XXIX

¡Amo! ¡Amo!... Quiero correr sobre la tierra y de una sola carrera dar vuelta alrededor de ella y volver al punto de partida. No estoy loca, pero lo parezco. Mi locura es divina y contagia. Apártate.

Amo! Amo!... Quero correr sobre a terra e de uma só vez dar a volta ao redor dela e voltar ao ponto de partida. Não estou louca, mas pareço. Minha loucura é divina e contagia. Afaste-se.

XXX

Un viento helado y agudo me ha envuelto hace un momento como para robarme algo. ¿Sabe, acaso, que estoy saturada de amor, e intenta él, olvido eterno, cargarse de mi constancia y entibiarse con mi ternura? Pero, yo le he dicho: ¿no te basta con todo lo que arrastras, vagabundo? Todo mi amor es poco para mí; no te doy nada.

Um vento gelado e agudo me envolveu como se fosse me roubar algo. Sabe, por acaso, que estou saturada de amor, e tenta ele, esquecimento eterno, carregar-se da minha constância e arrefecer-se com a minha ternura? Mas eu lhe disse: não estás satisfeito com tudo que arrastas, vagabundo? Todo o meu amor é pouco para mim; não te dou nada.

XXXI

Rosa, divina rosa que te balanceas al viento, aún salpicada de la menuda lluvia nocturna. Eres feliz en tu placidez, sobre la frescura jugosa de tu tallo, bajo el dulce cielo de diciembre. Pero no tanto como yo. Tú no puedes mirarlo y yo sí. Si sus manos posaran en tu carnadura, no las reconocerías como yo, por su simple tacto. Si oyeras cerca de ti el latido de su corazón, no sabrías que es el suyo, como yo, por su solo golpe.

Rosa, divina rosa que te balanceia ao vento, ainda úmida da miúda chuva noturna. És feliz na tua placidez, sobre o frescor suculento do teu talo, sob o doce céu de dezembro. Mas não tanto como eu. Tu não podes olhá-lo e eu sim. Se suas mãos repousarem sobre tua musculatura, não as reconheceria como eu, por seu simples tato. Se ouvisse perto de ti o batimento do teu coração, não saberias que é dele, como eu, apenas por seu pulsar.

XXXII

Oye: yo era como un mar dormido. Me despertaste y la tempestad ha estallado. Sacudo mis olas, hundo mis buques, subo al cielo y castigo estrellas, me avergüenzo y me escondo entre mis pliegues, enloquezco y mato mis peces. No me mires con miedo. Tú lo has querido.

Escuta: eu era como um mar adormecido. Acordaste-me e irrompeu a tempestade. Sacudo minhas ondas, afundo meus navios, subo ao céu e castigo estrelas, me envergonho e me escondo entre minhas rugas, enlouqueço e mato os meus peixes. Não me olhes com medo. Tu que quiseste isso.

XXXIII

Te amo porque no te parreces a nadie. Porque eres orgulloso como yo. Y porque antes de amarme me ofendiste.

Te amo porque não te pareces com ninguém. Porque tu és orgulhoso como eu. E porque antes de me amar, me ofendeste.

XXXIV

He bajado al jardín con la primera luz de la mañana. La fina humedad del rocío refresca mis plantas, y los párpados se distienden bajo la dulzura del aire primaveral. Veo los rosales en flor, la nevada enredadera, la negra raya movediza de las hormigas y el limonero cargado de frutos de oro. Pero pienso: ¡por fuera tenéis oro y por dentro sois ácidos! El corazón de él no es así: es dulce y bello por dentro y por fuera.

Desci ao jardim na primeira luz da manhã. A fina umidade do orvalho refresca minhas plantas, e as pálpebras se distensionam sob a doçura do ar primaveril. Vejo os rosais em flor, a trepadeira coberta de neve, a linha negra e movediça das formigas e o limoeiro carregado de frutos de ouro. Mas penso: por fora têm ouro e por dentro são ácidos! O coração dele não é assim: é doce e belo por dentro e por fora.

XXXV

En la casa silenciosa, de patios calmos, frescos y largos corredores, solamente yo velo a la hora de la siesta. Quema el sol sobre los mármoles. La blanca y familiar perrita apoya sus patas delanteras sobre mis rodillas y me mira de un modo extraño. Yo le pregunto: ¿también sabes tú que lo amo?

Na casa silenciosa, de pátios calmos, frescos, longos corredores, somente eu velo na hora da sesta. Queima o sol sobre os mármores. A familiar e branca cadelinha apoia suas patas dianteiras sobre meus joelhos e me olha de um modo estranho. Eu a pergunto: tu também sabes que eu o amo?

XXXVI

Susurro, lento susurro de hojas de mi patio al atardecer. ¿Por qué me enloquecéis susurrándome su nombre? Él no vendrá hoy. Piensa en mí, pero no vendrá hoy.

Sussuro, lento sussuro de folhas do meu pátio ao entardecer. Por que me enlouquecem sussurrando seu nome? Ele não virá hoje. Pensa em mim, mas não virá hoje.

XXXVII

En una columna me apoyo, y te sueño. Mi mejilla, en contacto con el frío mármol hiela mi corazón. Gruesas lágrimas caen de mis ojos. Soy feliz, pero lloro.

Em uma coluna me apoio e sonho-te. Minha bochecha em contato com o mármore frio gela meu coração. Grossas lágrimas caem dos meus olhos. Sou feliz, mas choro.

XXXVIII

Demoro verte. No quiero verte. Porque temo destruir el recuerdo de la última vez que te vi.

Demoro para te ver.
Não quero te ver.
Porque temo destruir a lembrança da última vez que te vi.

XXXIX

Quiero pesar en ti, cargarte de mi dolor, para que no puedas huir de mi lado. Porque nadie podría huir de mi lado una vez cargado con el peso de mi dolor.

Quero pesar em ti, carregar-te da minha dor, para que não possas fugir do meu lado. Porque ninguém poderia fugir do meu lado uma vez carregado do peso da minha dor.

XL

He hecho como los insec-
tos. He tomado tu color
y estoy viviendo sobre tu
corteza, invisible, inmóvil,
miedosa de ser reconocida.

Fiz como os insetos.
Tomei tua cor e estou
vivendo sobre tua
casca, invisível, imóvel,
com medo de ser
reconhecida.

XLI

Te veo en cada cosa, todo me sugiere tu pensamiento. He levantado los ojos y sobre el techo de la casa vecina visto el tanque que guarda el agua corriente venida del río. Pienso que acaso estuviste ayer a su orilla y las gotas que tus ojos miraron hayan subido a aquel depósito.

Vejo-te em cada coisa, tudo me sugere o teu pensamento. Ergui os olhos e sobre o telhado da casa vizinha vi o tanque que guarda a água corrente vinda do rio. Penso que talvez estiveste ontem à sua margem e as gotas que teus olhos viram subiram àquele reservatório.

XLII

Oh mujeres: ¿cómo habréis podido pasar a su lado sin descubrirlo? ¿Cómo no me habéis tomado las manos y dicho: —Ese que va allí es él? Vosotras que sois mis hermanas porque alguna vez el mismo aire nos confundió el aliento, ¿cómo no me dijisteis nada de que existía?

Oh, mulheres: como puderam passar a seu lado sem descubri-lo? Como não me tomaram as mãos e disseram: – Esse que vai ali é ele? Vocês que são minhas irmãs, porque alguma vez o mesmo ar nos confundiu o hálito, como não me disseram que existia?

XLIII

Ayer te vi pasar cerca de mí; ibas bajo los árboles con tu paso mesurado y la cabeza caída, como pesada de pensamientos. Pero no quise detenerte. Porque aún sueñas conmigo, y todo sueño puede ser muerto, aun por la persona amada que lo provoca.

Ontem te vi passar perto de mim; ías embaixo das árvores com teu passo comedido e a cabeça caída, como pesada de pensamentos. Mas não quis te deter. Porque ainda sonhas comigo, e todo sonho pode ser morto, até mesmo pela pessoa amada que o provoca.

XLIV

Estaba en mi hamaca. Alguien me acunaba con mano adormeciente. Perseguía sueños incorpóreos; pero faltabas tú. Hubieras debido sentarte a mi lado y contarme una dulce historia de amor. Hay una que entona así: "Eran tres hermanas. Una era muy bella, otra era muy buena... ¡La otra era mía!"

Estava em minha rede. Alguém me embalava com a mão dormente. Perseguia sonhos incorpóreos; mas faltava tu. Devias ter sentado ao meu lado e contado uma doce história de amor. Há uma que é contada assim: "Eram três irmãs. Uma era muito bela, outra muito boa… A outra era minha!"

XLV

Grávida de ti, levanté los ojos al cielo, y lo vi grávido de mundos enormes, que, para no asustar a los hombres, deja ver pequeños, luminosos e inofensivos, a la triste y temerosa mirada de los humanos.

Grávida de ti, levantei os olhos ao céu e o vi grávido de mundos enormes que, para não assustar os homens, deixa ver pequenos, luminosos e inofensivos ao triste e temeroso olhar dos humanos.

XLVI

Como si tu amor me lo diera todo me obstinaba en el milagro: clavando mis ojos en una planta pequeña, raquítica, muriente, le ordenaba: ¡Crece, ensancha tus vasos, levántate en el aire, florece, enfruta!

Como se teu amor me desse tudo, me obstinava no milagre: cravando meus olhos em uma planta pequena, raquítica, moribunda, a ordenava: cresce, alarga os teus vasos, levanta-te no ar, floresce, dá frutos!

XLVII

Si me aparto de la ciudad, y me voy a mirar el río obscuro que la orilla, me vuelvo enseguida. Porque el agua que se va allá lejos, caminos del mar, se lleva mis pensamientos y entonces me parece que eres tú mismo quien se aleja para siempre en ellos.

Se me afasto da cidade e vou olhar o rio obscuro que a margeia, volto imediatamente. Porque a água que se vai ali distante, a caminho do mar, leva meus pensamentos e então me parece que és tu mesmo quem se distancia para sempre neles.

XLVIII

Abandono la ciudad y me voy al bosque que está a su lado, con la esperanza de encontrarte. Sé que es un absurdo. Pero durante todo el camino me repito cuanto he de decirte, aun segura de que no habré de hallarte.

Abandono a cidade e vou ao bosque que está ao seu lado, com a esperança de te encontrar. Sei que é um absurdo. Mas durante todo o caminho repito a mim o quanto hei de dizer-te, ainda segura de que não haverei de encontrar-te.

XLIX

Pienso si lo que estoy viviendo no es un sueño. Pienso si no me despertaré dentro de un instante. Pienso si no seré arrojada a la vida como antes de quererte. Pienso si no me obligarás a vagar de nuevo, de alma en alma, sin encontrarte.

Penso se o que estou vivendo não é um sonho. Penso se não despertarei dentro de um instante. Penso se não serei lançada da vida como antes de querer-te. Penso se não me obrigarás a vagar de novo, de alma em alma, sem te encontrar.

L

¿Te acuerdas del atardecer en que nuestros corazones se encontraron? Por las arboladas y oscuras calles de la ciudad vagábamos silenciosos y juntos. Venus asomaba por sobre una azotea mirándonos andar.
Yo te pregunté: —¿Qué forma le ves tú a esa estrella? Tú me dijiste: —La de siempre. Pero yo no la veía como habitualmente, sino aumentada con extraños picos y fulgurando un brillo verdáceo y extraño.

Lembra do entardecer no qual nossos corações se encontraram? Pelas arborizadas e escuras ruas da cidade vagávamos silenciosos e juntos. Vênus olhava de cima de uma varanda, observando-nos andar. Eu te perguntei: — De que forma tu vês essa estrela? Tu me disseste: — A de sempre. Mas eu não a via como habitualmente, mas sim aumentada com estranhos picos e fulgurando um brilho verdejante e estranho.

LI

Tu amor me había cubierto el corazón de musgo y me bajaba a las yemas de los dedos su terciopelo blando. Tenía piedad de la madera muerta, de los animales uncidos, de los seres detrás de una reja, de la planta que se hunde sin hallar alimento, de la piedra horizontal empotrada en la calle, del árbol preso entre dos casas. La luz me hería al tocarme y los ojos de un niño ponían en movimiento el río de lágrimas que me doblaba el pecho.

Teu amor me cobriu o coração de musgo e desceu até a ponta dos meus dedos seu brando veludo. Tinha piedade da madeira morta, dos animais amarrados nos carros, dos seres atrás de uma grade, da planta que se afunda sem encontrar alimento, da pedra horizontal embutida na rua, da árvore presa entre duas casas. A luz me feria ao tocar-me e os olhos de um menino colocavam em movimento o rio de lágrimas que me torcia o peito.

LII

Siete veces hicimos en media hora el mismo camino. Íbamos y volvíamos al lado de la verja de un jardín, como sonámbulos. Respirábamos la humedad nocturna y olorosa que subía de los canteros y, como de pálidas mujeres de ultratumba, por entre los troncos negros de los árboles, veíamos, por momentos, la carne blanca de las estatuas.

Sete vezes fizemos em meia hora o mesmo caminho. Íamos e voltávamos ao lado da cerca de um jardim, como sonâmbulos. Respirávamos a umidade noturna e cheirosa que subia dos canteiros e, como de pálidas mulheres de além-túmulo, por entre os troncos negros das árvores, víamos, por momentos, a carne branca das estátuas.

AGONIA

LIII

Por veces te propuse viajes absurdos. —Vámonos, te dije, a donde estemos solos, el clima sea suave y buenos los hombres. Te veré al despertarme y desayunaremos juntos. Luego nos iremos descalzos a buscar piedras curiosas y flores sin perfume. Durante la siesta, tendida en mi hamaca bajo las ramas —huesos negros y ásperos de los árboles adulzurados por la piedad blanda de las hojas— me dormiré para soñarte. Cuando despierte, más cerca aún que en el sueño, te hallaré a mi lado. Y de noche me dejarás en la puerta de mi alcoba.

Por vezes te propus viagens absurdas.
— Vamos, te disse, aonde estejamos sozinhos, o clima seja suave e bons sejam os homens. Verei-te ao acordar e tomaremos o café da manhã juntos. Logo iremos descalços a buscar pedras curiosas e flores sem perfume. Durante a sesta, estendida em minha rede sob os ramos — ossos negros e ásperos das árvores, adocicados pela piedade branda das folhas — dormirei para sonhar contigo. Quando acordar mais perto ainda que no sonho, te encontrarei ao meu lado. E de noite me deixarás na porta do meu quarto.

LIV

Sentados en un banco, ¿cuántas horas?, no me atrevía a tomarte las manos. En la blusa de mi vestido de primavera cayeron, al fin, pesadas, mis lágrimas. El género las absorbió en silencio, allí mismo, donde está el corazón.

Sentados em um banco, por quantas horas? Eu não me atrevia a pegar suas mãos. Na blusa do meu vestido de primavera caíram, ao fim, pesadas, as minhas lágrimas. O tecido as absorveu em silêncio, ali mesmo, onde está o coração.

LV

Una tarde, paseando por debajo de grandes árboles, sobre un colchón de tierra amarillenta, tan muelle como harina cernida, di en mirar el cielo. Lo atravesaban delgadas, inmateriales nubes blancas y me entretuve en tejer, con ellas y en ellas, las líneas de tu cara.

Uma tarde, passeando por debaixo de grandes árvores, sobre um colchão de terra amarelada, tão macia como farinha peneirada, acabei olhando o céu. Atravessavam-no nuvens brancas esguias, imateriais e me entreti em tecer, com elas e nelas, as linhas do teu rosto.

LVI

Tenías miedo de mi carne mortal y en ella buscabas el alma inmortal. Para encontrarla, a palabras duras, me abrías grandes heridas. Entonces te inclinabas sobre ellas y aspirabas, terrible, el olor de mi sangre.

Tinhas medo da minha carne mortal e nela buscavas a alma imortal. Para encontrá-la, a duras palavras, me abrias grandes feridas. Então te inclinavas sobre elas e aspiravas, terrível, o odor do meu sangue.

LVII

Me confié a ti. Quería mostrarte cuán perversa era, para obligarte a amarme perversa. Exageré mis defectos, mis debilidades, mis actos oscuros, para temblar de alegría por el perdón a que te obligaba. Pero, por el noble perdón tuyo, oye, yo hubiera padecido la enfermedad más tremenda que padecieras, la vergüenza más grave que te afrentara, el destierro más largo que te impusieran.

Entreguei-me a ti. Queria mostrar-te quão perversa era, para obrigar-te a me amar perversa. Exagerei meus defeitos, minhas debilidades, meus atos obscuros, para tremer de alegria pelo perdão ao qual te obrigava. Mas, pelo teu nobre perdão, ouve, eu haveria suportado a doença mais tremenda que padecesses, a vergonha mais grave a que fosses exposto, o exílio mais longo que te impusessem.

LVIII

Otra siesta, frente al río que se dirige al mar, tu cabeza en mi falda, imaginamos que la tierra era un buque en movimiento abriendo en el espacio un camino desconocido. Desprendida de su ruta habitual seguía a capricho nuestra voluntad y se alejaba, zigzagueando, cada vez más del sol, hacia uno de los bordes del Universo. Entrecerrados los ojos y aspirando el aliento niño de un recién nacido diciembre, nos sentimos desligados de toda ligadura, creadores del Camino, la Dirección y el Tiempo.

Outra sesta, em frente ao rio que se dirige ao mar, tua cabeça na minha saia, imaginamos que a terra era um navio em movimento abrindo no espaço um caminho desconhecido. Desprendida de sua rota habitual, seguia num capricho à nossa vontade e se distanciava, ziguezagueando, cada vez mais do sol, em direção a um dos limites do Universo. Semicerrados os olhos e aspirando o respirar pequenino de um recém--nascido dezembro, nos sentimos desligados de toda a ligação, criadores do Caminho, da Direção e do Tempo.

LIX

Adherida a tu cuello, al fin, más que la piel al músculo, la uña a los dedos y la miseria a los hombres, a pesar de ti y de mí, y de mi alma y la tuya, mi cabeza se niveló a tu cabeza, y de tu boca a la mía se trasvasó la amargura y la dicha, el odio y el amor, la vergüenza y el orgullo, inmortales y ya muertos, vencidos y vencedores, dominados y dominantes, reducidos e irreductibles, pulverizados y rehechos.

Incorporada a teu pescoço, ao fim, mais que a pele ao músculo, a unha aos dedos e a miséria aos homens, apesar de ti e de mim, e de minha alma e da tua, minha cabeça se nivelou à tua cabeça, e de tua boca à minha se transferiu a amargura e a sorte, o ódio e o amor, a vergonha e o orgulho, imortais e já mortos, vencidos e vencedores, dominados e dominantes, reduzidos e irredutíveis, pulverizados e refeitos.

LX

He vuelto sola al paseo solitario por donde anduvimos una tarde cuando ya oscurecía. He buscado, inútilmente, a la luz de una luna descolorida, sobre la tierra húmeda, el rastro de nuestros pasos vacilantes.

Voltei sozinha ao lugar solitário por onde andamos em uma tarde quando já escurecia. Tenho buscado, inutilmente, na luz de uma lua descolorida, sobre a terra úmida, o rastro dos nossos passos vacilantes.

LXI

A media noche, envuelta en paños oscuros para no ser advertida, rondé tu casa. Iba y venía. Tus persianas, tus puertas, cerradas... Como el ladrón, en puntillas, me acerqué, una, dos, tres veces, a tocar las paredes que te protegían.

À meia noite, envolta em panos escuros para não ser advertida, rondei tua casa. Ía e vinha. Tuas persianas, tuas portas, fechadas... Como o ladrão, na ponta dos pés, me aproximei, uma, duas, três vezes, a tocar as paredes que te protegiam.

LXII

Un pájaro repite insistentemente la misma nota y mi corazón el mismo latido. ¿Por qué no te acercas, pobre avecilla? Tú sola en la rama... yo sola en mi cuarto... ¿Por qué no te acercas a calentar mi corazón?

Um pássaro repete insistentemente a mesma nota e meu coração o mesmo pulsar. Por que não te aproximas, pobre avezinha? Tu sozinha nos ramos… eu sozinha no meu quarto… Por que não te aproximas para aquecer meu coração?

LXIII

Mi alegría feroz se ha convertido en una feroz tristeza. Ambulo por las calles, miro los ojos de los que pasan y me pregunto: —¿Por qué me lo quieren quitar? Luego doy vueltas y más vueltas. Busco los parajes solitarios. Me acurruco debajo de los árboles y desde allí espío a los que pasan con ojos sombríos.

Minha alegria feroz se converteu em uma feroz tristeza. Perambulo pelas ruas, olho nos olhos dos que passam e me pergunto: — Por que querem tirá-lo de mim? Logo dou voltas e mais voltas. Busco os lugares solitários. Me aninho sobre as árvores e dali espio os que passam com olhos sombrios.

LXIV

Sé que un día te irás. Sé que en el agua y muerta y plácida de tu alma mi llama es como el monstruo que se acerca a la orilla y espanta sus pálidos peces de oro.

Sei que um dia te irás. Sei que na água morta e plácida da tua alma minha chama é como o monstro que se aproxima da margem e espanta seus pálidos peixes de ouro.

LXV

¿Cuánto tiempo hace ya que te has ido? No lo recuerdo casi. Los días bajan, unos tras otros, a acostarse en su tumba desconocida sin que los sienta. Duermo. No te engañes: si me has encontrado un día por las calles y te he mirado, mis ojos iban ciegos y no veían. Si te hallé en casa de amigos y hablamos, mi lengua dijo palabras sin sentido. Si me diste la mano o te la di, en un sitio cualquiera, eran los músculos, sólo los músculos, los que oprimieron.

Quanto tempo faz que foste? Quase não me lembro. Os dias caem, uns atrás dos outros, a deitarem-se em sua tumba desconhecida sem que os sinta. Durmo. Não te enganes: se me encontraste um dia pelas ruas e te olhei, meus olhos iam cegos e não viam. Se te encontrei na casa de amigos e conversamos, minha língua disse palavras sem sentido. Se me deste a mão ou dei-a a ti, em um lugar qualquer, eram os músculos, só os músculos, os que apertaram.

LXVI

*No, no eras hijo mío.
No me habías nacido del
árbol intrincado y blanco
de las venas, ni de los
ríos liliputienses y rojos
que las habitan, ni del
tronco pálido y febril de la
médula, ni del polvo color
de luna que, comprimido,
duerme en los huesos.
Naciste de seres cuyos
rostros y nombres ignoro.
Sin embargo te anudaba en
mis brazos para protegerte
de todo ruido, y mecíate
con un compás de péndulo,
largo, grave, solemne...
Rehuía, entonces, tu boca
y buscando tu frente
dejaba correr a lo largo
de tu cuerpo abandonado
el caudal temblante y
profundo de mi vida.*

Não, não eras filho meu.
Não havias nascido
da árvore intrincada e
branca das veias, nem dos
rios liliputianos e vermelhos que as habitam,
nem do tronco pálido e
febril da medula, nem
do pó cor de lua que,
comprimido, dorme nos
ossos. Nasceste de seres
cujos rostos e nomes
ignoro. Entretanto, te
envolvia em meus braços
para proteger-te de todo
o ruído, te embalava em
compasso de pêndulo,
longo, grave, solene…
Fugia, então, tua boca
e buscando tua frente
deixava correr pelo teu
corpo abandonado o
caudal trêmulo e profundo da minha vida.

NOITE

LXVII

*No volverás. Todo mi ser
te llama, pero no volverás.
Si volvieras, todo mi ser
que te llama, te rechazaría.
De tu ser mortal extraigo,
ahora, ya distantes, el
fantasma aeriforme
que mira con tus ojos y
acaricia con tus manos,
pero que no te pertenece.
Es mío, totalmente mío.
Me encierro con él en mi
cuarto y cuando nadie, ni
yo misma, oye, y cuando
nadie, ni yo misma, ve,
y cuando nadie, ni yo
misma, lo sabe, tomo el
fantasma entre mis brazos
y con el antiguo modo de
péndulo, largo, grave y
solemne, mezo el vacío...*

Não voltarás. Todo o meu ser te chama, mas não voltarás. Se voltasse, todo o meu ser que te chama, te rechaçaria. Do teu ser mortal extraio, agora, já distantes, o fantasma aeriforme que olha com teus olhos e acaricia com as tuas mãos, mas não me pertence. É meu, totalmente meu. Me tranco com ele no meu quarto e quando ninguém, nem eu mesma, ouve, quando ninguém, nem eu mesma, vê, e quando ninguém, nem eu mesma, escuta, e quando ninguém, nem eu mesma, fica sabendo, tomo o fantasma em meus braços e com o antigo modo de pêndulo, longo, grave e solene, embalo ao vazio...

Este livro foi composto com fonte
tipográfica Cardo 11pt e impresso sob
papel pólen bold 90g/m² pela gráfica
PrintStore para a Coragem.